AF232450

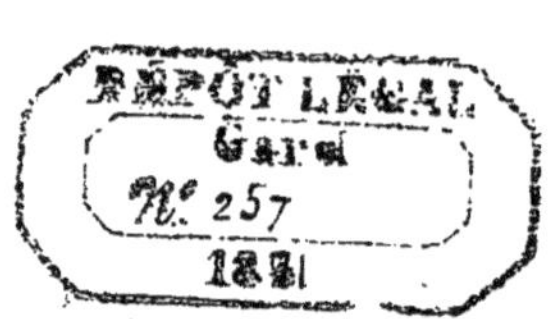

DOCUMENTS A CONSULTER

DOCUMENTS

A CONSULTER PAR

MESSIEURS LES PRÉSIDENTS

DES CONSEILS GÉNÉRAUX

NIMES

IMPRIMERIE ROGER ET LAPORTE

Place Saint-Paul, 5.

1871

Nimes, le 6 décembre 1871.

A l'occasion de la dernière séance du Conseil général du Gard, il s'est élevé entre le Conseil et M. le Préfet du département un conflit, que M. le Ministre vient de trancher en faveur de ce fonctionnaire. La question engagée intéresse à un haut degré l'indépendance des Conseils généraux, et je crois de mon devoir d'épuiser tous les moyens légaux pour obtenir l'annulation de l'arrêté de M. le Préfet. Dans la lutte que j'ai engagée comme représentant du Conseil général, votre appui moral et votre approbation auraient un grand prix pour moi.

Si, après avoir pris connaissance de tous les documents relatifs à cette affaire et que je vous adresse,

vous pensez que la justice et la raison sont du côté
de la cause que je défends, j'ose espérer que vous
n'hésiterez pas à m'honorer de votre adhésion.

Agréez, Monsieur le Président, l'assurance de ma
haute considération.

Le Président du Conseil général du Gard,

L. LAGET.

Monsieur le Président du Conseil général d

Le 14 novembre dernier, le Conseil général du Gard
tenait sa dernière séance ; elle fut ouverte avec vingt-
et-un membres sur quarante, dont se serait composé
le conseil, si tous les cantons du département avaient
été représentés ; mais deux siéges étaient vacants, l'un
par suite d'option, l'autre par suite d'annulation. En
outre, un grand nombre des membres étaient absents ;
les uns avaient prévenu le président par écrit, d'autres
n'avaient pas avisé.

Le Préfet assista à une partie de la séance ; il se
retira vers le milieu, sans faire la moindre observation ;
la plus grande partie de la séance fut employée au
développement et au vote de vœux émis par divers
membres du conseil (1).

Le 17, trois jours après, alors que le procès-verbal

(1) Voir aux *Pièces justificatives.*

de cette séance n'était ni arrêté ni signé, M. le Préfet apprenait aux journaux de la localité et à M. le Président du Conseil général qu'il avait provoqué des instructions de M. le Ministre de l'intérieur, aux termes desquelles il allait prendre un arrêté pour annuler une partie de la délibération du 14.

Les lettres échangées à l'occasion de cette communication préfectorale, ainsi que les faits qui ont suivi, sont relatés dans la lettre suivante, adressée à M. le Ministre de l'intérieur par le Président du Conseil général :

Nimes, le 21 novembre 1871.

Monsieur le Ministre,

Le 17 novembre, M. le Préfet du Gard a adressé aux journaux la lettre suivante :

Monsieur le Directeur,

J'ai l'honneur de vous informer que, conformément aux instructions que je reçois de M. le Ministre de l'intérieur à l'instant même, je prends un arrêté pour déclarer la nullité de la partie de la séance de mardi dernier qui vient immédiatement après le vote sur l'amnistie, la série des vœux qui suivent ayant été votée indûment et illégalement par suite de l'insuffisance du nombre des membres présents, et par application de la loi du 10 août 1871.

Veuillez donc vous abstenir de reproduire cette partie du compte-rendu de la séance.

Agréez, Monsieur le Directeur, l'assurance de ma considération très-distinguée.

Le Préfet du Gard,
CHAMPVANS.

Le même jour il m'a écrit :

Nimes, le 17 novembre 1871.

Monsieur le Président,

J'ai l'honneur de vous avertir que d'après une instruction ministérielle en date de ce jour, je prends un arrêté qui déclare nulle toute la partie de la séance de mardi dernier, à partir du vote en faveur de l'amnistie, exclusivement. Cet arrêté est motivé par l'insuffisance du nombre des votants, à dater de ce moment ; conformément à l'article 30 de la loi du 10 août 1871 et par application de l'article 34 de ladite loi, je fais défense aux journaux de reproduire cette partie de la séance.

Agréez, Monsieur le Président, l'assurance de ma haute considération.

Le Préfet du Gard,
DE CHAMPVANS.

Président du Conseil général et mis en demeure par la publicité que M. de Champvans a cru devoir donner à un incident auquel j'étais loin de m'attendre, je lui ai fait la réponse suivante :

Nimes, le 18 novembre 1871.

Monsieur le Préfet,

J'ai l'honneur de vous accuser réception de la lettre que vous m'avez adressée hier au soir ; cette lettre m'annonce qu'en exécution d'une instruction ministérielle, vous prenez un arrêté qui annule toute la partie de la séance du Conseil général de mardi dernier, qui suit le vote de l'amnistie ; elle ajoute que l'arrêté est motivé sur l'insuffisance du nombre des votants.

Le procès-verbal officiel de la séance constate la présence de vingt-et-un conseillers ; il suffisait qu'il y en eût vingt, car l'article 30 de la loi du 10 août 1871, en disant que le Conseil général ne peut délibérer si la moitié plus un des membres dont il doit être composé n'est présente, ne peut vouloir parler que de la composition régulière et légale, telle qu'elle résulte de la vérification des pouvoirs ; or un siége est vacant par suite d'option , un autre l'est par annulation de l'élection ; le Conseil général devait donc être composé, pendant la session qui vient de finir , de 38 membres dont la moitié plus un est représentée par 20.

Ce n'est pas tout et voici qui est plus grave :

Le procès-verbal officiel de la séance de mardi dernier, constatant la présence de 21 conseillers, dont il donne les noms, est la seule pièce authentique faisant foi de ce qui s'est passé au Conseil général ; elle subsiste, et toutes ses énonciations subsistent avec elle, jusqu'à ce que le Conseil lui-même l'ait modifiée ; ce n'est que par une réclamation faite, en Conseil, après la lecture de ce procès-verbal, qu'une modification quelconque peut y être apportée ; c'est la tradition de toutes les assemblées délibérantes ; M. le Ministre de l'intérieur n'a donc pu déclarer l'insuffisance du nombre des conseillers présents que s'il n'a reçu qu'une copie inexacte de la délibération, ou si la copie officielle qui devait lui être transmise a été remplacée par des indications qui n'avaient et ne pouvaient avoir aucun caractère officiel : dans l'un comme dans l'autre cas, la bonne foi du Ministre a été surprise ; ses instructions sont, par suite, sans valeur.

Si M. le Ministre a reçu une copie officielle, exacte de la délibération, ce qui m'étonnerait beaucoup, et si malgré la constatation que le Conseil était composé de 21 membres, il a donné l'ordre d'annuler cette délibération pour insuffisance de votants, il a commis un acte arbitraire et illégal : dans cette hypothèse encore, l'annulation devrait être considérée comme non avenue.

A quelque point de vue que l'on se place, la délibération du Conseil général de mardi 14 novembre reste donc debout et régulière : j'en maintiens la légalité au nom du Conseil.

Recevez, Monsieur le Préfet, l'assurance de ma haute considération.

Le Président du Conseil général du Gard,
L. Laget.

M. le Préfet n'a tenu aucun compte de mes observations, et le même jour il a pris l'arrêté suivant :

Nimes, le 18 novembre 1871.

Le Préfet du Gard,

Vu les articles 30 et 34 de la loi du 10 août 1871 ;

Vu le procès-verbal de la séance du Conseil général du Gard, en date du 14 novembre 1871, constatant à son ouverture la présence de vingt-et-un membres ;

Considérant qu'aux termes de l'article 30 susvisé, les conseils généraux ne peuvent délibérer si la moitié plus un des membres dont ils doivent être composés n'est présente ;

Considérant que, par suite des dispositions de l'article précédent, les délibérations du Conseil général du Gard ne peuvent être valables qu'autant qu'elles seraient prises par vingt-et-un membres, chiffre formant la moitié plus un du nombre des conseillers généraux qui doivent représenter les quarante cantons du Gard ;

Considérant qu'au moment où le Conseil général, dans la séance du 14 novembre, a agité la question d'émettre un vœu au sujet de l'instruction gratuite et obligatoire, et jusqu'à la fin de cette séance, l'assemblée n'a plus compté que vingt membres présents et qu'ainsi, aux termes de l'article 30 précité, elle s'est trouvée hors d'état de délibérer légalement;

Considérant que, par suite, tous les actes compris dans cette dernière partie de sa délibération ne sont pas valables,

Arrête :

Art. 1er. — Sont nuls et de nul effet tous les actes qui ont fait l'objet de la délibération du Conseil général du Gard, en date du 14 novembre 1871, à partir inclusivement de la discussion relative à l'enseignement gratuit et obligatoire et jusqu'à la fin de la séance.

Art. 2. — Le présent Arrêté sera transcrit sur les registres du Conseil général du Gard.

Le Préfet du Gard,
G. de Champvans.

Je défère cet acte à votre justice : si Monsieur le Préfet avait su mieux contenir la vive antipathie qu'il a pour le Conseil général, aux séances duquel il a affecté de n'assister que le moins possible, il aurait

attendu la rédaction définitive du procès-verbal officiel, dont je joins la minute à ma lettre.

Cet acte constate la présence de 21 conseillers :
d'après Monsieur le Préfet, au cours de la séance , un
membre est sorti, et dès ce moment le Conseil n'a
plus été en nombre pour délibérer : à ne consulter
que l'article 30 de la loi du 10 août 1871, la prétention
de Monsieur le Préfet, m'a paru, je l'avoue, inconceva-
ble. Le Conseil général ne peut délibérer que si la
moitié plus un des membres dont il doit être composé est présente. Voilà le texte : il ne peut vouloir
parler que d'une composition régulière et légale , telle
qu'elle résulte de la vérification des pouvoirs. Or ,
deux siéges sont vacants, l'un par suite d'option ,
l'autre par suite d'annulation d'élection ; le Conseil
général ne devait donc être composé que de 38 membres, dont la moitié plus un est représentée par 20.
Après avoir vérifié le texte, j'ai dû me reporter à
votre instruction du...... et j'y ai trouvé sur le point
qui nous occupe une interprétation contraire à la
mienne, et de laquelle il résulterait que la moitié plus
un des membres dont il est question dans la loi ,
s'applique seulement à la majorité des membres dont
se compose le Conseil général, quand tous les cantons
y sont représentés.

Si tel est l'esprit de la loi, Monsieur le Ministre , je
m'incline et je passe à un second point de vue, qui me
paraît avoir une sérieuse importance.

Un membre est sorti ! — Monsieur le Préfet peut
l'affirmer, mais rien ne le constate ; aucune réclamation ne s'est élevée sur ce point ; durant la séance,
aucune demande d'appel ne s'est produite ; fût-il sorti,

la délibération à partir de cette absence que personne n'a remarquée ni relevée, est-elle illégale ?

Dans le cas où elle serait illégale à qui appartient-il de le·constater ? Est-ce au Conseil général lui-même ? Est-ce à Monsieur le Préfet ?

En droit comme en fait, Monsieur le Ministre, je crois que la délibération est parfaitement légale. Dès l'ouverture de la séance, le procès-verbal en fait foi, le Conseil était en nombre suffisant pour délibérer ; la sortie inaperçue d'un conseiller, ne pouvait pas infirmer les délibérations du Conseil.

Cette sortie, en effet, pouvait être purement accidentelle, et les travaux du Conseil général, comme ceux de toutes les assemblées, ne devaient pas moins continuer tant que la constatation légale d'une absence *voulue*, n'était pas réclamée par les membres présents. C'est ainsi que l'on procède à l'Assemblée nationale et dans toutes les assemblées délibérantes.

En dehors de toute constatation légale réclamée par les membres de l'assemblée, — en dehors de toute réclamation produite par Monsieur le Préfet, au terme de l'article 27 de la loi du 10 août, — le procès-verbal fait foi ; — aucune réclamation ne s'est élevée, aucune constatation n'a eu lieu, ni à la demande des membres présents, 'ni à la demande de Monsieur le Préfet, qui avait cru devoir quitter la séance au moment du vote pour un vœu tendant à la dissolution de l'Assemblée nationale ; c'est-à-dire peu après le commencement de la séance.

Il ne vous échappera pas, Monsieur le Ministre, combien serait grave le précédent créé par la prétention de Monsieur le Préfet, si des réclamations inté-

ressées pouvaient prévaloir sur l'énonciation du
procès-verbal ; s'il était permis à Monsieur le Préfet,
au prétexte de faits non mentionnés au procès-verbal,
de casser les délibérations des conseils généraux, quel
serait leur rôle ? Aujourd'hui c'est la sortie d'un membre qui éveille la critique de ce fonctionnaire, demain
elle pourra porter sur le résultat d'un vote financier qui
lui déplaira. Il y a là, Monsieur le Ministre, une voie
ouverte à l'arbitraire administratif où vous ne voudrez
pas vous engager.

Allons plus loin, et supposons qu'au cours de la
délibération un membre du Conseil général a quitté
la séance ; — supposons encore que sa présence constatée au moment où s'ouvre la délibération et l'inscrip-
tion de son nom au procès-verbal ne soit pas un obstacle infranchissable à toute réclamation ultérieure. Il
faudrait se demander sous quelle forme pourrait se
produire cette réclamation. A cet égard, il est de principe qu'un procès-verbal ne peut être modifié qu'après
lecture, dans la séance suivante : ceux-là seuls qui
avaient mandat et qualité pour participer à la délibération sont les témoins uniques et exclusifs de ce qui s'y
est passé, et *seuls* ils doivent être appelés à rectifier
l'exatitude des faits dont ils ont été les témoins et les
auteurs. S'il en était autrement, et si, en dehors de l'assemblée, une délibération pouvait être infirmée par la
simple déclaration d'un membre qui n'a pas assisté
à la séance, bien que le procès-verbal constate le contraire ; s'il appartenait au Préfet, soit en s'appuyant;
sur une pareille déclaration, soit en s'appuyant
sur son affirmation pure et simple, d'annuler une délibération, les minorités ne manqueraient point de s'em-

parer de cette arme redoutable et les délibérations des assemblées départementales, sujet de contestations perpétuelles, dépendraient du caprice ou de la passion des partis, de la bonne ou de la mauvaise volonté du Préfet. Si ces principes sont vrais, il faut en conclure, Monsieur le Ministre, que Monsieur le Préfet du Gard a pris un arrêté nul en la forme en tant que cet arrêté n'est pas basé sur une constatation officielle faite par le Conseil général lui-même, *sur une rectification du procès-verbal* constatant que ces énonciations sont ou erronées ou incomplètes.

Il ne pourrait être question d'annuler la délibération que lorsque les faits allégués par Monsieur le Préfet auraient été légalement constatés.

Vous le savez mieux que moi, Monsieur le Ministre, il est un principe protecteur de nos institutions, c'est celui de la séparation des pouvoirs et du respect de leurs attributions respectives. Ce principe serait violé, si le Préfet pouvait usurper sur les fonctions du Conseil général lui-même et si l'indépendance de ce corps délibérant que la loi nouvelle a voulu assurer, était exposée à ses entreprises ou irrifléchies ou passionnées.

J'ose espérer, Monsieur le Ministre, qu'entre Monsieur le Préfet et le Conseil général, qui m'a confié, en me nommant son président, la défense de ses droits, vous tiendrez la balance égale et c'est avec une ferme confiance que je vous demande de décider :

1° Qu'en dehors d'une réclamation formulée en séance publique et consignée au procès-verbal, après vérification, les affirmations du Préfet doivent être considérées comme non avenues ;

2° Que son arrêté, que vous n'avez pu autoriser que

parce que vous avez été mal ou incomplètement renseigné et que votre religion a été surprise, sera annulé.

M. le Ministre a répondu :

Ministère de l'Intérieur

Versailles, le 1er décembre 1871.

MONSIEUR LE PRÉSIDENT,

Vous avez déféré à mon examen l'arrêté par lequel M. le Préfet du Gard a, conformément aux articles 30 et 34 de la loi du 10 août 1871, déclaré la nullité de la partie de la délibération du Conseil général, en date du 14 novembre, qui a suivi le vœu relatif à l'amnistie.

Cet arrêté a été pris d'après mes instructions ; j'ai voulu cependant étudier la question de nouveau, et, après avoir examiné attentivement le compte-rendu que vous m'avez communiqué, je demeure convaincu de la nullité absolue de la délibération du 14 novembre et conséquemment de la parfaite légalité de l'arrêté préfectoral qui en a interdit la reproduction.

Il est hors de discussion, et vous le reconnaissez vous-même, Monsieur le Président, que si le nombre des membres présents s'était trouvé réduit à 20 à la fin de la séance, la délibération serait radicalement nulle aux termes de l'article 30 de la la loi du 10 août 1871. Le texte même de cette disposition, les modifications qui y ont été apportées au cours des débats, ne laissent aucun doute à cet égard.

Toute la question consiste donc à savoir si, oui ou non un des, 21 membres présents à l'ouverture de la séance s'est retiré après le vote sur l'amnistie. Sans contester le fait, vous vous bornez à objecter que le procès-verbal n'en contient pas la mention officielle. Il est sans doute fâcheux que le bureau, dont l'attention avait été éveillée sur l'absence d'une partie des membres du Conseil et qui a exprimé en séance, par l'organe du Président, la crainte que ces abstentions n'eussent pour conséquence de frapper de nullité les délibérations prises, n'ait pas remarqué le départ de M. Hitier. L'incident que je regrette, avec vous, ne se serait pas alors produit, car le devoir du Président devenait tout tracé : la séance devait immédiatement être close. Mais la mention qui aurait dû être faite au procès-verbal me paraît amplement suppléée par la déclaration écrite de M. Hitier, déclaration qui n'a pas, que je sache, été contredite et qui doit être tenue pour probante dans une question qui est, avant tout, une question de bonne foi.

L'arrêté préfectoral n'est pas d'ailleurs, comme vous paraissez le croire, en opposition avec les termes du procès-verbal ; car cette dernière pièce, sur la valeur de laquelle je m'expliquerai tout-à-l'heure, constate la présence de 21 conseillers au début de la séance, mais elle ne prouve nullement que chacun de ces membres soit demeuré présent jusqu'à la fin.

Quant aux observations de principe que vous m'avez soumises sur le caractère légal des procès-verbaux et sur la foi qui leur est due, elles devraient être très-sérieusement discutées s'il s'agissait d'un procès-verbal lu en séance et arrêté par le Conseil général. Mais rien de tel n'a eu lieu pour le compte-rendu de la séance du 14 novembre ; ni la réunion partielle de ce jour, ni l'assemblée départementale au complet de ses membres ne l'a adopté. Il n'avait donc d'autre valeur que celle d'un document préparatoire.

Pour me résumer, l'assemblée réduite à 20 membres était légalement incapable de prendre aucune délibération, ni même de faire en quoi que ce soit acte de Conseil général ; il suffisait dès lors de constater le fait pour que cette simple déclaration fît considérer comme non avenu tout ce qui avait eu lieu après le départ du 21me membre. Tels ont été le caractère et le but de l'arrêté du 18 novembre, et tant qu'il ne sera pas établi que le point de départ de cet acte est faux, c'est-à-dire que le Conseil général du Gard était en nombre suffisant pour délibérer, je ne saurais l'infirmer sans contrevenir moi-même aux prescriptions formelles de la loi.

Je regrette, Monsieur le Président, de ne pouvoir, par ces motifs, accueillir la réclamation que vous m'avez adressée.

Recevez, Monsieur le Président, l'assurance de ma considération la plus distinguée.

Le Ministre de l'Intérieur,
CASIMIR PÉRIER.

M. le Ministre répond-il aux objections contenues dans ma lettre ?

J'avais dit :

« Le procès-verbal de la séance constate la présence
» de 21 membres.

» M. le Préfet affirme qu'un membre est sorti au
» cours de la séance, mais rien ne le constate.

» Cette sortie, non constatée au procès-verbal, ne
» pourrait entacher la délibération d'illégalité.

» En serait-il autrement et la délibération pourrait-
» elle être querellée à partir de la sortie non constatée
» d'un conseiller, au Conseil général seul il appartient,
» par voie de rectification, en séance, de son procès-
» verbal, d'établir légalement le fait de l'absence.

» Ce n'est qu'après cette constatation, *seule officielle,*
» que la réduction du Conseil à **20** membres est
» acquise.

» Jusque-là, ni la déclaration d'un membre du
» Conseil, ni l'affirmation du Préfet ne peuvent avoir
» de portée, de force probante.

» S'il en était autrement, la validité des décisions
» des Conseils généraux serait livrée au caprice de
» certains de ses membres ou aux entreprises des
» préfets. »

Que répond M. le Ministre ?

« Le procès-verbal, dit-il, n'a d'autre valeur que
» celle d'un *document préparatoire,* puisqu'il n'a été
» adopté, ni par l'assemblée départementale au com-
» plet de ses membres, ni par la réunion partielle du
» 14 novembre.

» Le procès-verbal ne mentionne pas la sortie de
» M. Hitier, mais cette absence de mention est ample-
» ment suppléée par la déclaration de M. Hitier, qui
» n'a pas été contredite et doit être tenue pour pro-
» bante, dans une question qui est, avant tout, une
» question de bonne foi.

» Du reste, l'arrêté préfectoral constatant la réduc-
» tion des membres présents à **20** n'est pas en opposi-
» tion avec les termes du procès-verbal, qui constate
» la présence de **21** membres au début, mais ne prouve

» nullement que chacun de ces membres soit demeuré
» jusqu'à la fin. »

Cette argumentation contient le renversement des
principes acceptés et appliqués jusqu'à ce jour par les
assemblées délibérantes ; elle mérite d'être examinée
de près, car elle est de nature à produire, à l'insu sans
doute de M. le Ministre de l'intérieur, les plus étran-
ges conséquences.

Le procès-verbal n'est-il qu'un document préparatoire tant qu'il n'est pas adopté ?

Jusqu'à ce jour on avait généralement pensé que
le procès-verbal de la séance d'une assemblée délibérante était le seul mode de constatation régulier des
délibérations de cette assemblée ; que seul il leur don-
nait un corps, une existence, à ce point qu'en l'absence
de procès-verbal il n'y avait pas de délibération ; que,
de plus, cet acte, rédigé par un secrétaire nommé à
cette fin, mandataire quant à ce de l'assemblée, était
censé émaner de l'assemblée elle-même ; qu'il avait
d'autant plus cette portée, cette valeur, qu'il était rédigé
sous la surveillance du président, organe et représentant de cette même assemblée ; que, par suite de cela
seul qu'il était rédigé, il était tout à la fois la seule
preuve de l'existence d'une délibération et la seule expression de ce qui constituait cette délibération, en la
forme comme au fond ; enfin que l'adoption, par l'assemblée, dans une séance postérieure, n'était que l'approbation donnée au procès-verbal préexistant, mais
qu'elle ne le créait pas.

M. le Ministre de l'intérieur a changé tout cela : le
procès-verbal est un *document préparatoire*, sans si-

gnification et sans valeur, à ce point que la simple affirmation d'un préfet, *qui n'a pas assisté à la séance*, suffit pour l'anéantir et que la déclaration d'un membre du Conseil doit prévaloir sur l'œuvre du secrétaire et du président.

Soit. Mais alors une sérieuse difficulté se présente : si le procès-verbal n'est pas la constatation réelle de la délibération, où trouver cette constatation ? Une délibération non établie par un procès-verbal n'existe pas légalement ; et si elle n'existe pas légalement comment peut-elle être annulée ? M. le Ministre aurait donc, dans sa théorie, donné à M. le préfet l'ordre d'annuler une délibération qui n'existait pas, *un simple document préparatoire*, et M. le Préfet se serait escrimé dans le vide.

Nous en demandons bien pardon à M. le Ministre, mais nous considérons sa théorie comme fausse et c'est lui-même qui nous fournit les arguments qui doivent le démontrer.

Il a considéré si bien le procès-verbal comme la constatation réelle et régulière de la délibération que, par son ordre, M. le Préfet a interdit aux journaux la reproduction *du compte-rendu* de la portion de la séance annulée, c'est-à-dire le procès-verbal dans lequel est relatée cette portion de la séance.

Il tient si bien le procès-verbal pour la véritable expression de la délibération du conseil, qu'il va argumenter des termes de ce procès-verbal pour justifier l'arrêté préfectoral, en soutenant que cette décision n'est pas en contradiction *avec les termes du procès-verbal, qui, en constatant au début de la séance la pré-*

sence de 21 membres, ne prouve nullement que chacun de ces membres soit demeuré présent jusqu'à la fin.

Le procès-verbal existe donc, de l'aveu même de Monsieur le Ministre, puisque c'est sur ce procès-verbal qu'il s'appuie pour soutenir qu'entre les énonciations qu'il contient et l'arrêté préfectoral il n'existe pas d'opposition.

Mais cette affirmation elle-même est-elle exacte ?

Au début de la séance la présence de **21** membres est constatée. Voilà un fait certain, acquis, non contestable ; sans doute, ce nombre peut diminuer ou augmenter, mais comment ces variations seront-elles établies ?

Par l'appel nominal.

Cette opération peut être provoquée par le Président, par le Préfet, par un membre de l'assemblée ; si elle est demandée, le procès-verbal mentionnera la demande et le résultat ; rien de semblable ne se rencontre dans le procès-verbal de la séance du 14 novembre, d'où la conséquence forcée que personne n'a demandé l'appel nominal à un moment quelconque de la séance, qu'il n'a pas eu lieu et que par suite il n'y a eu à constater aucune absence ; c'est la présomption de droit, la seule admissible ; dire que de cela que le procès-verbal ne mentionne pas d'absence au cours de la séance il n'en résulte pas la preuve que tous les membres soient restés jusqu'à la fin, c'est mettre une argutie à la place d'un raisonnement ; c'est méconnaître volontairement un principe incontestable.

Sentant bien la force de ces raisons, M. le Ministre en vient à soutenir que l'absence de mention au procès-verbal de la sortie de M. Hitier, après le vote sur l'amnistie, est amplement suppléée par sa déclaration personnelle ; de plus il fait remarquer que cette déclaration n'a pas été contredite et doit être tenue pour probante, dans une question qui est, avant tout, une question de bonne foi.

Toujours même système ; le procès-verbal n'est rien ; la contradiction, d'où quelle vienne, l'emporte sur ses constatations : M. Hitier affirme qu'il est sorti, alors que le procès-verbal le porte comme présent, cela suffit *amplement* ; voilà qui est bien. Qu'il prenne fantaisie à quatre ou cinq membres du Conseil de contredire les énonciations du procès-verbal, et ces énonciations sont anéanties ; qu'il leur convienne, quand le procès-verbal constate le rejet d'une demande de fonds, d'affirmer que cette demande a été admise, cela suffit *amplement* ; que lorsque, aux termes du procès-verbal, le Conseil aura infligé un blâme à M. le Préfet, ce fonctionnaire déclare qu'il a été comblé d'éloges, cette déclaration suffira *amplement !*

Si telle est la pensée de M. le ministre, il faut qu'il l'affirme nettement et en face des Conseils généraux de la République, afin que ceux-ci soient avertis et se mettent en mesure d'aviser.

Mais, ajoute M. le Ministre, la déclaration de M. Hitier n'a pas été contredite

Quelle est la pièce qui constate cette déclaration et qui en est dépositaire ? Aucun membre du bureau du Conseil général du Gard n'a reçu, depuis le 14 novembre dernier, de M. Hitier, ni déclaration verbale ni communication écrite. Je n'ai pas à m'occuper des arrangements particuliers intervenus entre M. Hitier et M. le Préfet pour dégager leur responsabilité collective ou individuelle ; je n'attache aucune valeur, aucune force probante à un acte de cette nature qui, s'il existe, n'est qu'une inconvenance vis-à-vis du Président du Conseil général, auquel *seul* devait s'adresser M. Hitier s'il avait à demander une mention ou une rectification au procès-verbal avant que cet acte fut lu en séance publique.

Quant à la question de bonne foi soulevée par M. le Ministre, je ne sais ce qu'il entend par ces mots. Il n'y a ici qu'une question de droit, de dignité et d'indépendance pour le Conseil général du Gard ; il importe peu à ceux de ses membres qui ont émis les vœux adoptés le 14 novembre que, par l'annulation de la partie de la séance qui les renferme, ces vœux soient ou non maintenus, car s'il leur convient de les renouveler et de les voter personne ne pourra les en empêcher. Ce qu'ils défendent donc et ce que je défends en leur nom c'est leur droit méconnu, leur dignité blessée, leur indépendance atteinte ; sur ce terrain, qui est celui des principes protecteurs de toute assemblée délibérante, il ne peut y avoir ni circonstance atténuante, ni transaction, et ils iront jusqu'au bout dans la poursuite de leurs droits.

Le Président du Conseil général du Gard,

L. LAGET.

PIÈCES JUSTIFICATIVES

PIÈCES JUSTIFICATIVES

CONSEIL GÉNÉRAL DU GARD.

—

Séance du 14 Novembre 1871.

—

Le 14 novembre 1871, à deux heures de l'après-midi, les membres du Conseil général du Gard sont réunis dans la salle de leurs séances, à l'hôtel de la Préfecture.

Présents :

MM. Laget, président; Gazagne, vice-président; Bousquet, secrétaire ; Beau, Berthézène, Boisson, Bosc, Boudon, Carrière, Cazot, Claris, Ducamp, Gros, Guigou, Hitier, Jac, Larrey, Meinadier, Perrier, Roussel, Vigne.

M. le préfet assiste à la séance.

Le Président ouvre la séance et donne la parole à M. Bousquet, secrétaire, pour la lecture du procès-verbal de la séance précédente.

M. Beau fait observer, à propos de la partie de ce procès-verbal relative à la route de Saint-Jean-du-Gard a Saint-Germain-de-Calberte, que c'est un membre de la commission des routes et non le Conseil général, qui, en 1869, a manifesté l'intention de donner satisfaction aux habitants de Saint-Jean-du-Gard en modifiant le tracé proposé.

M. Meinadier rectifie le chiffre du crédit mis à la disposition de la Commission départementale, lequel est fixé à 300 francs, au lieu de 500 francs comme l'indique, par erreur, le procès-verbal.

M. Berthézène déclare, en ce qui concerne la délibération du Conseil municipal d'Anduze, relative à l'établissement d'un concours d'animaux gras, — que l'opposition qu'il a faite au nom de la Commission des Objets divers, portait sur l'allocation et non sur le vœu d'encouragement.

Le Conseil décide qu'il sera fait droit à ces observations.

Le Président donne lecture des lettres de MM. de Fontarèche et Veillon, s'excusant de ne pouvoir assister à la séance de ce jour.

Au nom de la Commission des routes, M. Claris présente au Conseil un rapport au sujet d'une demande formée par M. Laporte, de Valleraugue, tendant à obtenir l'autorisation d'établir un chemin de fer à traction de chevaux, dit américain, entre cette localité et le pont de l'Hérault. En l'absence de documents suffisants, la Commission des routes propose le renvoi

de cette demande à son auteur pour être reproduite,
s'il y a lieu, sous une forme plus complète.

Cette proposition est adoptée.

Au nom de la Commission des bâtiments départementaux et objets divers, M. Beau présente au Conseil un rapport relativement à l'appropriation d'un
nouveau local pour la tenue des sessions du Conseil
général.

Il lui soumet d'abord le mémoire des frais occasion-
nés par l'installation actuelle.

Le Conseil décide que ce mémoire sera renvoyé à
la commission départementale.

En ce qui concerne l'avant projet dressé par l'archi-
tecte du département, M. Beau fait remarquer que,
sans répondre complètement aux conditions d'une
bonne installation, ce projet donnerait lieu à une dépense de **28,000** fr. au moins.

M. Beau ajoute que, dans cette situation, la commission a pensé qu'il serait préférable de renoncer au
projet d'appropriation du rez-de-chaussée et d'amé-
liorer l'état actuel des choses.

Ces améliorations, d'après le rapporteur, consiste-
raient principalement :

1° Dans la séparation complète de la partie affectée
au Conseil général et de celle réservée au public, séparation qui serait obtenue par l'établissement d'un
escalier distinct et d'une porte particulière donnant
directement accès dans la tribune actuelle.

2° Dans l'établissement de douze sièges, avec la disposition existante dans l'espace qui sépare les deux
plus longs côtés de la table actuelle, ce qui permettrait
d'augmenter un peu l'espace réservé à chaque conseiller, ainsi que l'emplacement destiné au public.

5° Dans l'adjonction de deux nouvelles pièces aux deux salles de Commission déjà existantes.

M. Beau ajoute que, dans l'opinion de la Commission, cet aménagement pourrait être opéré moyennant une dépense de 6,000 fr. environ.

M. Roussel combat cette proposition ; il dit que quelles que soient les améliorations qu'on apporte au local actuel, on n'obtiendra jamais une installation satisfaisante ; il ajoute que, tôt ou tard, le projet d'appropriation du rez-de-chaussée sera mis à exécution et qu'en conséquence, il serait préférable de l'exécuter dès à présent pour éviter deux dépenses d'installation.

Le conseil décide le renvoi des deux études à la Commission départementale, avec mission de lui soumettre un projet définitif dans sa prochaine session.

Au nom de la Commission des bâtiments départementaux et objets divers, M. Beau présente au Conseil le rapport suivant au sujet d'une pétition des habitants de Vauvert, dans l'emplacement des gares de cette ville sur la ligne de Saint-Cézaire au Cailar.

(*Suit ce rapport* n° 1.)

La Commission conclut au renvoi de la pétition à l'administration et à la Commission départementale pour examiner s'il est possible d'y donner satisfaction.

Les conclusions de la Commission sont adoptées.

Au nom de la Commission des finances, M. Cazot présente au conseil le rapport suivant, au sujet d'une délibération du conseil municipal d'Uzès, en date du 6 novembre 1871, demandant le renouvellement du tarif et du règlement de son octroi, pour une durée de cinq ans, à partir du 1er janvier prochain, avec certaines modifications, soit au tarif, soit au règlement.

(Suit ce Rapport n° **2**. *)*

Le Conseil adopte les conclusions du rapport.

Le Président donne lecture d'une lettre de M. le Préfet portant la date de ce jour, 14 novembre, qui vient de lui être remise, et par laquelle M. le Préfet soumet au conseil une nouvelle délibération du conseil municipal d'Alais, en date du 16 octobre 1871, transmise à la Préfecture le 10 novembre et tendant à l'établissement de taxes d'octroi sur des objets qui ne sont pas actuellement imposés.

Le Président., vu la production tardive de cette demande, est d'avis d'en renvoyer l'examen à la session prochaine.

M. Meinadier saisit cette occasion pour proposer au conseil de décider qu'à l'avenir toutes les affaires à traiter dans le courant d'une session devront lui être soumises, dans un état d'instruction complète, avant le commencement de la session.

Cette proposition est adoptée.

M. Bousquet fait remarquer que la commune d'Alais a prévu, dans son budget de 1872, le produit de ces taxes, et que, si ces ressources lui manquent, il pourra en résulter des inconvénients fâcheux.

M. le Préfet dit que le Conseil général peut déléguer la Commission départementale pour la solution à donner à cette affaire, et qu'ainsi seront évités les inconvénients signalés par M. Bousquet.

Le Président pense que le Conseil général ne doit pas abdiquer ses pouvoirs entre les mains de la Commission départementale, et que, dans l'espèce, il doit se borner à renvoyer l'affaire à la session prochaine, laissant à la charge de qui de droit la responsabilité des inconvénients qui peuvent résulter de ce renvoi.

M. Meinadier s'associe complètement aux appréciations de M. le Président.

M. le Préfet fait remarquer que ce n'est pas la municipalité d'Alais, mais la commune qui, en définitive, aurait à supporter les conséquences de ce retard. Il persiste à penser que l'affaire est parfaitement dans le cas d'être renvoyée à la Commission départementale, et, dans l'intérêt d'une bonne administration, il conseille ce renvoi, pour solution définitive en temps utile.

M. Meinadier dit que le Conseil général a le droit de déclarer qu'une affaire lui est soumise trop tard, et qu'il n'encourt aucune responsabilité, en décidant le renvoi de cette affaire à la session prochaine.

M. Roussel est d'avis que la Commission départementale peut être déléguée par le Conseil général pour étudier toutes les affaires qu'il juge à propos de lui renvoyer, et pour les résoudre dans la limite de la délégation qui lui est faite.

M. Meinadier ne pense pas que le Conseil général doive déléguer son droit d'établir l'impôt.

M. Claris rappelle les dispositions de la loi du 10 août 1871, relatives aux attributions de la Commission départementale, et, les rapprochant des termes du rapport contenant l'exposé des motifs de cette loi, il conclut au droit du Conseil général à déléguer à la Commission départementale toutes les affaires qu'il juge convenable.

M. Cazot constate qu'il y a unanimité d'opinion sur la question de droit, mais qu'il en est autrement quant à l'opportunité ; à ce dernier point de vue, il est d'avis que l'affaire ne soit point renvoyée à la Commission départementale, parce que le Conseil général ne doit pas déléguer son pouvoir de créer l'impôt, alors surtout que, ne connaissant pas l'affaire, comme dans l'espèce, il ne peut pas déterminer les limites de sa délégation.

Monsieur le Préfet fait observer que la loi n'établit aucune distinction entre les questions d'impôt et les autres ; qu'il s'agit ici d'une affaire urgente dont la solution importe à la bonne gestion des intérêts de la ville d'Alais, et il insiste en faveur du renvoi à la Commission départementale.

Ce renvoi est prononcé.

Au nom de la Commission des finances, M. Bousquet propose au Conseil de voter une indemnité de 100 francs pour le sieur Figuier, ex-garde magasin du matériel de l'artillerie départementale, qui continue à prendre soin des objets restants de ce matériel.

Cette proposition est adoptée.

Le Président cède le fauteuil de la présidence à M. Gazagne, vice-président.

Au nom de la Commission des bâtiments départementaux et objets divers, M. Beau présente au Conseil le rapport suivant relativement à une pétition signée par 220 électeurs environ de la ville d'Alais, demandant l'expression de vœux tendant à obtenir la dissolution de l'Assemblée nationale et une amnistie générale.

(*Suit ce rapport n° 5*).

La Commission conclut à l'ordre du jour.

La parole est donnée à M. Bosc, pour développer la demande du vœu relatif à la dissolution de l'Assemblée nationale.

Le président déclare que Monsieur le Préfet s'oppose à la discussion de ce vœu.

M. Bosc demande sur quoi Monsieur le Préfet fonde son opposition ; il pense que déférer à l'invitation de Monsieur le Préfet serait rétablir la question préalable, que le Conseil général, par une délibération précédente, a entendu repousser.

Monsieur le Préfet dit qu'en s'opposant à la discussion de ce vœu, il n'a d'autre prétention que celle de faire son devoir ; que la loi interdit formellement aux conseils généraux les vœux politiques ; que celui dont il s'agit a éminemment ce caractère, et qu'il ne peut pas faire autrement que de protester contre toute discussion à cet égard.

Monsieur le Préfet ajoute que les droits souverains dont M. Bosc a parlé appartiennent au Conseil général, mais simplement sur le terrain modeste de ses attributions ; que l'Assemblée nationale elle-même, quoique revêtue de la souveraineté politique, ne saurait dissoudre un Conseil général, et, s'adressant aux membres du Conseil, il leur a demandé ce qu'ils diraient d'un conseil municipal qui prétendrait casser une décision du Conseil général. Monsieur le Préfet termine en disant qu'il ne veut pas discuter, mais simplement affirmer le droit du Gouvernement et de l'Assemblée nationale, et que, puisque la discussion est engagée sur un terrain inconstitutionnel, il se retire.

Le Conseil décide que la question préalable, d'après son règlement, n'étant admise que pour le cas d'outrages envers l'assemblée ou l'un de ses membres, il n'y a pas lieu de s'arrêter à l'opposition de Monsieur le Préfet et que la discussion continuera.

Monsieur le Préfet quitte la séance.

M. Bosc dit que l'Assemblée regrettera sans doute l'absence de M. le Préfet, mais que le Conseil général doit se préoccuper avant tout du soin de défendre ses droits : que son règlement, en repoussant la question préalable dans toute discussion, quel qu'en soit l'objet, sauf le cas d'outrage, total ou partiel envers ses membres, lui assure le droit de discuter le vœu qui lui est demandé, et qu'il ne saurait, sans abdiquer, se refuser à cette discussion.

En ce qui concerne le vœu, au fond, M. Bosc l'appuie et en propose l'adoption au Conseil général, se fondant sur ce que l'Assemblée nationale a rempli l'objet de sa mission ; qu'elle ne répond plus aux aspirations du pays, ainsi que l'ont démontré clairement les élections des 30 avril, 2 juillet et 8 octobre derniers et qu'elle contrarie, au lieu de le favoriser, le développement des institutions libérales de la France.

M. Cazot dit que dans cette affaire, il n'est pas suspect ; attendu que, comme député, il a déjà signé une proposition tendant à la dissolution de l'Assemblée nationale ; mais considérant que la loi interdit aux Conseils généraux tout vœu politique, et que celui dont il s'agit a essentiellement ce caractère, il propose au Conseil général de le repousser.

M. Laget partage l'opinion de M. Cazot ; et, en présence des termes formels de la loi, il propose l'amendement suivant :

Le Conseil,

Considérant qu'il ne peut accueillir le vœu des pétitionnaires, parce qu'il en est empêché par les dispositions de la loi du 10 août 1871,

Passe à l'ordre du jour.

Cet amendement est adopté.

M. Cazot a la parole sur la demande du vœu relatif à l'amnistie. Il a longuement et mûrement réfléchi sur cette question. Ce qui l'a préoccupé, ce n'est pas le côté de justice, d'humanité, d'opportunité, sur lesquels tout le monde est d'accord ; ce sont des scrupules de légalité, mais ces scrupules se sont évanouis devant un examen sérieux, et il propose en conséquence au Conseil de voter la résolution suivante :

Emet le vœu d'une amnistie pleine et entière pour les crimes et délits politiques commis depuis le 4 septembre 1870, jusqu'à ce jour.

Ce vœu est adopté par le Conseil général.

M. Laget développe les vœux suivants relatifs à l'instruction primaire :

Qu'il soit fait une loi établissant l'instruction primaire, gratuite et obligatoire ;

Que cette loi contienne encore l'obligation, pour les enfants, après leur sortie de l'école primaire, de fréquenter pendant trois ans des écoles de répétition tenues chaque dimanche, par l'instituteur ;

Qu'elle ordonne la création obligatoire pour chaque commune d'une bibliothèque populaire.

M. Laget émet, en outre, les vœux suivants :

1° Abrogation des articles 25, 47 et 49 de la loi organique de 1850, et par suite obligation de justifier de brevets de capacité, pour quiconque, homme ou femme, sollicite la position d'instituteur ou d'institutrice ;

2° Fortifier les études des élèves-maîtres, des écoles normales, au moyen de conférences sur la philosophie, la littérature, les sciences, l'histoire, etc., etc. qu'on leur fera faire par les professeurs de l'enseignement secondaire ;

3° Accorder un minimum de traitement plus élevé aux instituteurs qui auraient obtenu le brevet complet qu'à ceux qui n'ont que le brevet simple ;

4° Assurer l'avenir de l'instituteur en augmentant son traitement avec le nombre d'années de service et lui accordant une pension de retraite après vingt ans de service et cinquante ans d'âge, au moins ;

5° Enlever aux Préfets, pour les transmettre aux Recteurs, le droit de nomination et de révocation des instituteurs primaires.

M. Meinadier ne s'oppose pas aux vœux proposés par M. Laget ; il désire seulement faire quelques réserves.

Il exprime la crainte que la gratuité absolue n'impose de trop grands sacrifices ; il dit que le meilleur moyen de favoriser l'extension de l'instruction primaire, dans les pays de montagnes, serait de créer de nombreuses écoles de hameau ; que plus il y aura d'écoles, dans ces contrées, plus grand sera le nombre des enfants que l'on arrachera à l'ignorance.

M. Meinadier blâme l'usage de confier le secrétariat de la mairie à l'instituteur, qui est ainsi distrait de ses occupations normales, au grand détriment de l'intérêt intellectuel de ses élèves ; — En ce qui concerne l'instruction obligatoire, il croit qu'il y a des parents, (toujours dans les montagnes), qui sont dans l'impossibilité d'envoyer leurs enfants à l'école; il demande pour les professeurs et régents des lycées et colléges, l'amélioration réclamée pour les instituteurs, soit au point de vue du traitement, soit sous le rapport de la retraite. Sous le bénéfice de ces observations, il appuie entièrement les vœux proposés par M. Laget.

M. Perrier appuie également ces vœux, et il demande en outre l'adoption du vœu suivant :

« Considérant que les déplacements nombreux et les suspensions des instituteurs dont on a tant usé ces derniers temps, ont porté un grand préjudice aux communes intéressées, tout en mettant dans le plus grand embarras des instituteurs dont les ressources sont d'habitude si limitées,

» Emet le vœu

» Que la révocation, le déplacement ou la suspension de l'instituteur, conférés au recteur, ne puissent avoir lieu qu'après l'avis du Conseil municipal ; que la révocation soit toujours motivée et que ces motifs soient portés à la connaissance des intéressés. »

M. Berthézène craint que la réalisation de ces vœux ne donne lieu à des difficultés, et à l'égard des augmentations de traitement des instituteurs, il désire qu'elles soient accordées au mérite plutôt qu'à l'ancienneté.

Les vœux proposés par M. Laget et par M. Perrier, au sujet de l'instruction primaire, sont adoptés par le Conseil général.

M. Laget, relativement au service militaire, émet le vœu qui suit :

« Le Conseil,

» Emet le vœu que le service militaire pèse également sur tous les citoyens et qu'aucune situation, aucun privilége, aucune fonction, ne puissent exonérer d'une dette que tous les Français doivent payer personnellement. »

Ce vœu est adopté par le Conseil.

M. Laget émet le vœu suivant relativement à l'impôt :

« Le Conseil

» Emet le vœu que l'impôt frappe toutes les valeurs soit immobilières, soit mobilières, de telle sorte que le travail et la production ne soient atteints que dans de justes proportions, et que toutes les fortunes et toutes les conditions supportent une part équitable des sacrifices immenses qu'il est du devoir de tous les Français de s'imposer. »

Ce vœu est adopté par le Conseil.

M. Boudon propose un amendement qui consiste à comprendre la rente sur l'Etat dans les valeurs mobilières prévues par le vœu de M. Laget.

Cet amendement est rejeté.

M. Laget reprend le fauteuil de la présidence.

M. Claris développe le vœu suivant relatif à l'impôt sur le revenu :

« Considérant que, par suite de l'accroissement des charges publiques, les impôts de toute nature ont été étendus et augmentés; qu'il est possible que les recettes effectives soient inférieures aux recettes prévues;

» Qu'il convient, en tout cas, d'alléger les impôts de consommation qui ne frappent pas les contribuables proportionnellement à leurs ressources;

» Que, dès lors, si l'on veut écarter définitivement les emprunts, l'impôt sur le revenu apparaît comme le seul moyen, d'une part : d'alléger les impôts de consommation; de l'autre, de mettre toujours les budgets en équilibre;

» Le Conseil émet le vœu que l'impôt sur le revenu soit adopté et qu'il contribue à l'avenir à fournir une portion du budget des recettes. »

M. Meinadier fait observer qu'apès le vote du vœu relatif à l'impôt sur les valeurs mobilières et immobilières, le vœu concernant l'impôt sur le revenu lui paraît sans objet. Il reconnaît que ce dernier impôt est le plus équitable, mais aussi le plus difficile à établir, surtout en France, où le contribuable cherche, par tous les moyens possibles, à se soustraire à l'impôt ; il ajoute que si cet impôt est possible en Angleterre et en Amérique, c'est parce que, dans ces pays, il y a plus de respect pour la conscience individuelle.

M. Claris fait observer que la difficulté d'établir cet impôt ne doit pas le faire abandonner; que l'impôt sur le revenu doit obtenir la préférence sur les autres impôts projetés, parce que son produit est assuré, et qu'il permet ainsi d'équilibrer le budget, sans avoir à craindre des déficits, auxquels donneront lieu certainement les prévisions de produits des autres impôts.

M. Ducamp dit qu'en Suisse l'impôt sur le revenu

existe, que, lorsque la Commission chargée de recevoir les déclarations des particuliers a quelque raison de suspecter la sincérité de l'une d'elles, elle en exagère le chiffre, afin d'obliger le déclarant à réclamer devant les tribunaux et à établir ainsi devant eux, à l'aide de documents certains, sa véritable position de fortune.

La proposition de M. Claris est adoptée.

M. Perrier propose le vœu suivant au sujet de la réintégration du Conseil municipal de Combas :

« Le Conseil,

» Considérant que la commune de Combas est depuis le 20 mai 1871 privée de son conseil municipal librement élu ;

» Considérant que les intérêts de la commune sont confiés à ceux-là même que les électeurs avaient repoussés presque à l'unanimité et que cet état anormal, en se prolongeant, semblerait un défi jeté au suffrage universel et un manque de respect pour les volontés des populations,

» Exprime le vœu que le Conseil municipal de Combas soit remis en possession de ses pouvoirs et signale à Monsieur le Ministre de l'Intérieur combien cette situation exceptionnelle est préjudiciable à tous les intérêts. »

M. Boisson propose, avant de discuter ce vœu, de faire avertir Monsieur le Préfet.

Sa proposition n'est pas accueillie.

M. Berthézène fait remarquer qu'il ne saurait s'associer à ce vœu parce qu'il est conçu en termes qu'il ne peut approuver, et qu'il a pour but de blâmer un acte que l'autorité supérieure a accompli dans les limites de ses pouvoirs.

Le vœu de M. Perrier est adopté.

M. Bosc propose au Conseil d'émettre le vœu que les lois, décrets et ordonnances relatifs au colportage, à la distribution et à la vente des journaux, soient abrogés, comme apportant des restrictions à la liberté de la presse, liberté fondamentale des institutions démocratiques.

Ce vœu est adopté par le Conseil.

M. Ducamp développe le vœu suivant sur l'exécution de l'arrêt de mise en accusation de Louis-Napoléon Bonaparte, en date du 2 décembre 1851 ;

« Le soussigné :

» Considérant qu'il appartient aux Conseils généraux d'émettre des vœux sur toutes les questions d'administration générale ;

» Que le respect de la loi et le maintien de l'autorité et de l'action de la justice est de toutes les fonctions de l'administration celle qui importe le plus à la conservation de l'ordre et au salut de l'Etat ;

» Considérant que le 2 décembre 1851, la chambre des mises en accusation de la haute cour de justice ordonna des poursuites contre Louis-Napoléon Bonaparte et ses complices, pour attentats contre l'inviolabilité des représentants du peuple, contre la sûreté intérieure de l'Etat, les personnes et les biens des particuliers, attentats prévus et punis par la Constitution de 1848 et le Code pénal ;

» Que l'impunité acquise à de tels crimes est une cause profonde et irrémédiable de démoralisation ;

»Que les faits postérieurs, émanant des auteurs même du coup-d'état, avaient pour résultat d'empêcher l'exécution de l'arrêt précité et ne pouvaient apporter aucun obstacle de droit à cette exécution, à partir du jour où ces faits ont cessé et où la justice a pu reprendre son cours :

» Demande,

»Que le Conseil émette le vœu que les poursuites commencées le 2 décembre 1851 contre Louis Bonaparte, auteur du coup-d'état et ses complices, soient reprises et continuées jusqu'à jugement complet et définitif »

M. Meinadier estime qu'après le vœu d'amnistie, le vœu proposé par M. Ducamp n'a plus de raison d'être; il dit que l'empereur est tombé à Sedan dans la honte et le mépris et qu'il convient de le laisser dans l'oubli.

M. Ducamp veut bien l'amnistie, mais après la condamnation.

A ce moment, M. le Président exprime le vif regret que lui fait éprouver l'absence de certains membres qui, quoique se trouvant à Nimes, n'assistent pas à la dernière séance du Conseil, ce qui pourrait amener la nullité des délibérations si tous les membres présents ne s'imposaient pas le devoir de rester jusqu'à la fin.

M. Meinadier propose de voter des remercîments au Président pour la direction ferme et impartiale qu'il a donnée aux travaux du Conseil et aux secrétaires pour l'exactitude de leurs procès-verbaux.

Cette proposition est adoptée.

M. Bosc développe la demande suivante relative au rapport à faire au Gouvernement par le Président du Conseil sur les différents services du département :

» Le Conseil général, reconnaissant la nécessité d'appeler l'attention spéciale du Gouvernement sur les différents services publics du département,

» Charge son Président d'adresser aux ministres compétents un rapport sur l'état et les besoins des dits services. »

Cette proposition est adoptée.

M. Meinadier propose le vœu suivant :

« 1° Que pour les élections à l'Assemblée nationale le scrutin de liste par département soit remplacé par le scrutin par arrondissement administratif, chaque arrondissement nommant un député, et les arrondissements qui compteraient plus de 35,000 électeurs en nommant deux ;

» 2° Que nul fonctionnaire ne puisse être nommé député dans toute l'étendue du ressort de ses fonctions. »

M. Bosc combat la première partie de ce vœu qui est rejetée.

La seconde, au contraire, est adoptée.

M. Boudon propose le vœu suivant au sujet d'un concours à établir entre les élèves de toutes les écoles primaires du département :

« Je propose au Conseil général d'instituer un concours général entre toutes les écoles primaires du département et de voter à cet effet la somme de francs 100 à 200, pour servir à l'achat de livres destinés aux lauréats de ce concours ;

» Je propose enfin de confier les détails de l'organi-

sation de cette œuvre à la Commission départementale. »

Ce vœu est renvoyé à la Commission départementale
pour en assurer l'exécution.

Le Président prononce le discours suivant :
(*Suit le discours.*)
Le Président prononce la clôture de la session.
La séance est levée à cinq heures.

Nimes, imp. Roger et Laporte place Saint-Paul, 5.